Begegnungen im Licht

Meditationen und Gebete für inneres Wachstum

Begegnungen im Licht

Meditationen und Gebete für inneres Wachstum

Bilder von Hans Georg Leiendecker
Texte von Thomas Busse

HANS-NIETSCH-VERLAG

Originalausgabe

Lektorat: Ute Orth
Umschlaggestaltung: Stephan Mayer, Wehrheim
Titelbild: Hans Georg Leiendecker
Druck: FINIDR, s.r.o., Tschechien

Hans-Nietsch-Verlag, Poststraße 3, D-79098 Freiburg
Internet: www.nietsch.de
E-Mail: info@nietsch.de

ISBN 3-929475-96-0

Vorwort

Liebe Leserinnen und Leser,

zunächst möchte ich Ihnen etwas über das Anliegen erzählen, das mich dazu bewegt hat, meine Bilder in diesem Buch vorzustellen.

1982 begann für mich das „Abenteuer" Malerei. Anfangs noch stark vom Surrealismus beeinflußt, faszinierte mich die zeitgenössische Kunstszene (die „Neuen Wilden") mehr und mehr. Die Suche nach neuen Ausdrucksmöglichkeiten führte mich zur expressiven Malerei und zu immer extravaganteren Äußerlichkeiten, immer größeren Bildformaten und immer markanteren Extremen. Aussprüche wie „Das Häßliche muß zum Schönen erhoben werden", „Kunst darf nicht schön sein" und viele andere Klischees der zeitgenössischen Kunstszene beeinflußten seinerzeit meine Sicht- und Arbeitsweise. Um neue Aspekte in der Kunst zu finden, erschien mir keine Absurdität groß genug, keine Provokation zu verletzend und kein Schockeffekt zu abwegig. So bevorzugte ich düstere, schwermütige Themen wie Isolation, Gewalt, Zerfall, Tod von Mensch und Gesellschaft. Auch dunkle, aggressive Farbkompositionen brachten meine negative Lebenseinstellung zum Ausdruck. Mit der Zeit aber wurde mir die Leere dieser Art von Kunst immer mehr bewußt, und ich suchte nach neuen Wegen.

So kam ich 1984, ausgelöst durch eine geistige Heilung von Asthma, Heuschnupfen und Depressionen – dies geschah während eines Vortrags über die Lehre von Bruno Göning –, zu der Erkenntnis, daß es geistige Kräfte im Universum gibt, die alles beleben und mit Energie versorgen. Nach vielen spirituellen Erlebnissen und einer einjährigen kreativen Pause wurde mir mein Weg immer klarer. Nicht neue äußere Formen, sondern die spirituellen Aspekte des Lebens, die göttlichen Energien sowie eigene spirituelle Erfahrungen und Empfindungen sichtbar zu machen, das waren jetzt meine Ziele. Der neue Weg führte mich zurück zur realistischen Malweise, wobei mir bewußt wurde, daß dies nur die äußere Ausdrucksform ist. Viel wichtiger wurde mir die innere Haltung beim Malen. So geht meiner Arbeit stets eine Meditation, verbunden mit der Bitte um göttliche Führung, voraus. Die Inspiration durch die göttlichen Energien veränderte meinen Stil völlig. Jetzt verwende ich leuchtende, klare Farben, die meine neue, lebensbejahende Einstellung deutlich zum Ausdruck bringen. Immer wieder taucht das Licht im geistigen, heilenden Sinn als zentrales Element in meinen Bildern auf.

Im Laufe der Jahre erlebte ich, daß die göttlichen Energien, die ich beim Malen spüre, vom Betrachter auch nachempfunden werden können. Durch diese Erkenntnis wurde mir deutlich, daß es die spirituellen Aspekte und nicht neue äußere Formen sein werden, die die Kunst wieder beleben und ihr einen neuen Sinn geben werden. Ebenso wie das neue Jahrtausend ein Umdenken in Ökologie und Wirtschaft erfordert, wird es auch Zeit für ein Umdenken in der Kunst. Spirituelle Kunst ist nicht nur Kunst in der Tradition religiöser Malerei, sie trägt alle Aspekte des Lebens im Sinne einer ganzheitlichen Weltanschauung in sich.

Zu diesem Standpunkt kam ich durch einige interessante Erfahrungen. Auf Ausstellungen oder in Museen machte ich oft die Beobachtung, daß sich beim Betrachten eines Kunstwerks mein körperliches und seelisches Wohlbefinden stark veränderte. So bekam ich z. B. beim Anschauen einiger abstrakter Zeichnungen Schwindelgefühle, Depressionen und Angstzustände. Später erzählte der Künstler, daß er selbst genau diese Symptome beim Anfertigen der Bilder hatte. Unabhängig davon, ob mir nun ein Bild gefiel oder nicht, stellte ich positive oder negative Auswirkungen in mir fest und verglich diese, soweit das möglich war, mit den Seelenzuständen des jeweiligen Künstlers. Mitte der 90er Jahre bekam ich dann einen Bericht über eine wissenschaftliche Untersuchung in die Hände, die Dr. John Diamond im Metropolitan Museum durchführte, um herauszufinden, wie Bilder auf den Menschen wirken. Das Resultat war, daß von den ausgewählten Bildern nur ein einziges eine aufbauende, positive Wirkung hatte. Damit bestätigte sich meine eigene Erfahrung, daß Bilder krankmachend, aber auch heilend wirken können. Durch diesen Bericht wurde mir die Wichtigkeit meiner eigenen Gedanken und Gefühle beim Malen plötzlich sehr bewußt. Ich verstand nun, warum Ikonenmaler früher zwei Wochen lang fasten und beten sollten, bevor sie eine Ikone anfertigten. Einige dieser Bilder wurden zu regelrechten Wallfahrtsorten, an denen Menschen Heilung und innere Stärkung erlebten.

1997 lernte ich dann eine Heilpraktikerin kennen, die meine Bilder nutzen wollte, um kranken Menschen zu helfen. Sie gab ihren Patienten Kunstkarten von mir, dazu eine Affirmation und die Anweisung, sich in die Bilder zu versenken. Und tatsächlich trat das Erstaunliche ein. Gott wirkte. So verschwanden z.B. Migräne, Allergien, depressive Zustände, Hautausschläge und vieles mehr. Gleiches oder ähnliches wurde mir auch von vielen anderen Personen berichtet.

Der Wunsch, meinen Mitmenschen auf diese Weise zu helfen, wurde immer stärker in mir, und ich suchte nach einem geeigneten Weg. Dieses Buch soll nun für Sie und mich der Anfang sein. Ich habe es als eine spirituelle Reise durch verschiedene äußere und innere Ebenen angelegt. Die Texte meines Freundes Thomas Busse sollen Ihnen in Verbindung mit den Bildern helfen, Kontakt mit Gott aufzunehmen und diesen für sich und ihre Gesundheit zu nutzen. Vertiefen Sie sich einfach in eines der Bilder, welches Sie besonders berührt, und öffnen Sie sich für das Göttliche darin. Legen Sie all Ihre Probleme, Krankheiten und Nöte in Gottes Hände, und bitten Sie ihn darum, Ihnen zu helfen. Beobachten Sie dann genau, was in Ihrem Körper und Ihrer Seele geschieht – in dem festen Glauben, daß Gott *auch für Sie* da ist und Ihnen helfen will.

In diesem Sinne wünsche ich Ihnen viel Freude, Inspiration und Gottes Segen beim Lesen der Texte und Betrachten der Bilder.

H. G. Leiendecker
im August 1999

Du bist wie ein Samenkorn
zu großem Wachstum bestimmt,
trägst alles in deiner Mitte,
um dich frei zu entfalten.

Wie im Großen, so im Kleinen,
wie außen, so auch innen,
bist mit allem schicksalhaft verbunden
im ewigen Kreislauf des Lebens.

Die vier Jahreszeiten

Gehe mit Ehrfurcht in den Wald,
bitte seine Wächter um Einlaß,
entweihe nicht die heilige Stätte.

Störe nicht die große Sinfonie,
lebe im Einklang mit der Natur
auf dem Pfad zu göttlicher Erkenntnis.

Die Wächter des Waldes

Gleißendes Licht, wärmender Schein,
helle Strahlen inmitten des Waldes.
Alles durchflutend, zauberhaft schön –
ein Schauspiel von höchster Reinheit.

Waldeslicht

Die Seele des Waldes
überstrahlt seine ganze Pracht,
schenkt Ruhe und Frieden,
spendet Licht und Kraft:
ein geheimnisvolles Mysterium,
in Harmonie mit dem Einen.

Die Seele des Waldes

Bäume sind die Antennen der Erde
im Flechtwerk kosmischer Energien,
mit der Sternenwelt eng verbunden.

Planeten kreisen über ihren Kronen,
pulsieren in den Adern ihrer Wurzeln,
im zauberhaften Reigen des Universums.

Sternenwald

Das Lebensfeuer eines jeden Baumes
lodert auf zur riesigen Flamme,
erlischt zu glimmendem Schein
im Rhythmus der Jahreszeiten –
dem ewigen Kreislauf der Schöpfung.

Das Licht des Baumes im Rhythmus der Jahreszeiten

Vom Elf erzählen viele Legenden
als anmutiger Erscheinung im Baum –
unsichtbar für des Menschen Auge.

In der Sphäre seiner Schwingung
erlebt so manch einer Kraft und Trost,
oftmals nicht wissend, warum.

Trost

Wenn du den Baum als Freund erkennst,
dich magisch zu ihm hingezogen fühlst,
ihn andächtig umarmst in tiefer Liebe,
hat sein lichtes Wesen dein Herz berührt.

Ein geheimes Weben erfüllt die Natur,
der Baum und du – Teile vom Ganzen,
geschwisterlich miteinander verbunden
im großen Spiel der Schöpfungssinfonie.

Mein Freund der Baum

Der Baum der Offenbarung
ist tief verwurzelt in der Erde,
ragt hoch auf zum Himmel
ins lodernde Feuer der Liebe.

Die Erleuchtung des Menschen
wurzelt in tiefem Glauben,
wächst durch tätige Liebe
im großen Erlösungsgeschehen.

Baummeditation

Im Bannkreis mächtiger Bäume –
ein mystischer Ort im Wald,
verborgene Stätte uralter Sagen.

Im Dunkel der Sternennacht
ein Leuchten in den Wipfeln –
geheime Weihe eines Menschen.

Im Strahl des weißen Lichts
ein heiliger Bund auf Erden –
feierlicher Akt göttlicher Gnade.

Einweihung

An einem unbekannten Ort,
von Baumsäulen umgeben,
tagt der Rat der Elfen.

Im Schein der Nacht
erstrahlt sein heiliger Kreis
zum Schutze des Waldes.

Der Rat der Elfen

Der Vollmond leuchtet in goldenem Schein,
erhellt die Nacht mit sanftem Glanz,
verzaubert den Wald in ein magisches Land.

Er öffnet dem Menschen ein geistiges Tor,
schenkt Einblicke in eine andere Welt
als treuer Begleiter von Mutter Erde.

Mondzauber

Stille in deinem Herzen,
Schweigen aller Gedanken
können dir große Erkenntnisse offenbaren.

Tauche ein in die Stille,
schweige wie die Nacht,
laß dich vom Glanz des Friedens erfüllen.

Nachtmandala

Finde zu deiner Mitte,
zur Quelle des höchsten Lichts
in der Stille deines Herzens.

Die Säulen des Lebensdoms
tragen tiefe Wurzeln,
sind der Ursprung allen Friedens.

Lebensdom

Dem Licht immer mehr entgegenzustreben
– dem heiligen Ziel der Vollkommenheit –,
das offenbart uns der Baum der Wandlung.

Umwandlung

An einem geheimen, verborgenen Ort,
beschützt von den Mächten des Waldes,
lebt ein Wesen von sagenhafter Gestalt.

In Märchen beschrieben, andächtig verehrt
als erhabener Ausdruck höchster Reinheit,
erfüllt von magischen Kräften der Natur.

Kaum jemand bekam es je zu Gesicht,
alle finsteren Kreaturen scheuend.
Von anmutiger Schönheit: das Einhorn.

Der Wald des Einhorns

Erwache im Geist,
strebe nach Gott,
lebe im Licht.

Baummandala

Bei Tag, bei Nacht,
auf Erden, im Kosmos,
im Diesseits und Jenseits:
überall dasselbe Licht,
das Welten mit Welten eint.

Welten in Welten

Wer ernsthaft zu Gottvater strebt,
wird das Wasser des Lebens finden –
die Urkraft des allmächtigen Herrn.

Wer sein Geschenk dankbar empfängt,
nähert sich einer neuen Dimension,
dem Tor in ein unermeßliches Reich.

Die Wächter

Gib dich hin
dem Engel der Kraft,
löse dich von Dunklem,
öffne dein Herz.

Nimm sie auf,
die lichten Strahlen,
laß dich erfüllen,
von Gottes Strom.

Engel der Kraft

In dir spiegeln sich die Schöpfungsebenen,
ein heiliger Bund von sieben Gottestempeln.

Achte stets auf dein inneres Gleichgewicht,
den ungestörten Energiefluß in deinen Chakren.

Laß sie in vollkommener Harmonie schwingen,
so wirst du reich mit Lebenskraft gesegnet sein.

Der orange Engel

Aus der Mitte allen Lebens
strahlt unendliche Freude –
höchste Glückseligkeit.

Erfreue dich dieser Wonnen,
des überschäumenden Dankes,
wie ein lachendes Königskind.

Engel der Freude

Das Ruhen im Licht
deiner unsterblichen Seele
ist die Botschaft des Himmels.

Das Friedensreich Gottes
erlebst du im Paradies
deines liebeerfüllten Herzens.

Die Botschaft

Das Wasser des Lebens
strömt zur Erde hinab,
vom Höchsten kommend
mit stiller Macht.

Die Schöpfungsenergie
durchflutet auch dich,
wenn du dich öffnest
der Quelle des Heils.

Engel des Heils

Die Taube schwebt als holder Bote,
heilige Schauer erfüllen den lichten Tempel
im Segensstrahl des weißen Lichts.

Des Weihgefäßes allmächtige Kraft
ergießt sich in alle Schöpfungssphären
zur ewigen Erneuerung des Lebensbundes.

Labe dich an der hehrsten Gottesgabe,
an den Wunderkräften des heiligen Grals,
auf deinem königlichen Pfad der Vollendung.

Gralsengel

Liebe entwickelt sich
von kindlicher Unschuld
zu körperlicher Leidenschaft.

Die höchste Form,
das Ziel aller Ziele,
ist die geistige Liebe.

Entflamme dein Herz
im Schutze der Reinheit
für Gott, deinen Vater,
und für deine Nächsten.

Schutzengel

Den Kopf hoch erhoben zum Himmel,
die Füße tief verwurzelt in der Erde –
das ist der Weg wahrer Spiritualität.

Himmel und Erde im Bund zu erkennen,
Geist und Materie im Licht zu erleben –
das ist die Bestimmung der Menschheit.

Verwurzelung

Mit dem Schwert der Liebe
und dem Schild der Demut
kehrt das Paradies zurück:
der Sieg des höchsten Lichts,
der Beginn der neuen Erde.

Die neue Erde

Wenn vollkommene Liebe die Menschheit erfüllt
und Zufriedenheit jeden einzelnen beglückt,
ist uns der langersehnte Weltfrieden sicher.

Friedensbaummandala

Die Geburt in Bethlehem
und das Martyrium von Golgatha
sind untrennbar miteinander verbunden.

Liebe dient, Liebe opfert sich,
Liebe erringt den strahlenden Sieg.

Der Stern über Bethlehem
und das Kreuz auf Golgatha
sind die Zeichen Christi.

Folge dem Stern, diene dem Kreuz,
erlebe das Gnadenlicht der Erlösung.

Christus

Alles umfassend,
überall zugleich,
die universelle Liebe,
das Licht der Erlösung:
der kosmische Christus.

Kosmischer Christus

Thomas Busse

1963	geboren in Erkelenz (NRW)
seit 1989	Schauspieler (u.a. Hauptrolle im Spielfilm „Der Wunderapostel"), Autor verschiedener Bücher (u.a. der Kinderbuchreihe *Die Raupe Augustin*) und Drehbuchautor
seit 1990	Regisseur (im Spielfilm- und Dokumentarbereich), Abschluß als Dipl. Sozialpädagoge (mit Schwerpunkt Medienpädagogik)
seit 1995	Maler von Bildern für Kinder sowie Dozent an Volkshochschulen und Leiter von Seminaren zur Persönlichkeitsbildung
seit 1996	Liedermacher (aktuelle CD: „Traumleben", 1998 erschienen)
seit 1998	Sprecher u.a. bei Hörspielproduktionen

Thomas Busse ist ein vielseitiger Künstler mit spirituellem Hintergrund. Seit vielen Jahren beschäftigt er sich mit verschiedenen Glaubensrichtungen. Konfessionell ungebunden, ist er besonders geprägt von Bruno Gröning, einem Geistheiler der 50er Jahre, der vor allem in Deutschland, durch aufsehenerregende Heilerfolge, bekannt wurde. Das größte Vorbild Busses ist Jesus Christus und seine Lehre. In allen seinen bisher erschienen Büchern spiegeln sich seine Liebe zu Gott und sein Glaube an ihn wider.

Er ist Herausgeber mehrerer Bücher über Bruno Gröning, schrieb einen Gedichtband *Erwache o Menschheit*, ein Nachschlagewerk *Wonach du streben solltest* und *Die Zehn Gebote Gottes in der Zeitenwende*. Außerdem ist er der Verfasser der Kinderbuchreihe *Die Raupe Augustin*.

Ob er sich als Schriftsteller, Maler, Lieder- oder Filmemacher ausdrückt, er ist stets bestrebt, seine Kreativität zu nutzen, um spirituelle Werte zu vermitteln – mal poetisch oder kindlich verspielt, mal sehr direkt mit klaren, ausdrucksstarken Worten.

„Wesentlich ist nicht die Form, die man nutzt, sondern mit welchem Bewußtsein dies geschieht. Für mich ist das höchste Bewußtsein die allumfassende Liebe."

Hans Georg Leiendecker

1961	geboren in Köln
1983-85	Ausbildung zum technischen Assistenten für Gestaltung
1985-92	Studium der freien Kunst in Köln (Prof. Sovak)
seit 1987	Ausstellungen in Deutschland und der Schweiz
seit 1989	Dozent für Malerei an der Malakademie Köln
1990-93	Mitarbeit bei dem Spielfilm „Der Wunderapostel" (Ausstattung / Kostüme / Maske / Regieassistenz)
seit 1990	Illustrationen (CD-Cover und Buchtitel) für verschiedene Verlage
seit 1991	Illustrationen zur Kinderbuchreihe *Die Raupe Augustin*

Ursprünglich aus der expressiven Malerei kommend, bevorzugte der Künstler früher düstere, schwermütige Themen wie Isolation, Zerfall und Tod von Mensch und Gesellschaft. Auch die dunklen, teilweise aggressiven Farbkompositionen brachten seine negative Lebenseinstellung zum Ausdruck. Im Jahre 1984 erlebte er dann durch die Lehre Bruno Grönings auf geistigem Wege eine Heilung von Asthma, Heuschnupfen und Depressionen. Von da an wandelte sich sein Weltbild vom Atheismus zum Glauben an Gott und das Gute im Menschen. Nach langer Suche und einer einjährigen Schaffenspause fand er neue Wege, seine Erlebnisse im geistigen Bereich bildnerisch auszudrücken.

Inspiriert durch die Lehre Grönings, die göttliche Kraft und durch das positive Denken, änderte er seinen Stil völlig. Jetzt verwendet er in realistischer Malweise vorwiegend leuchtende, klare Farben, die seine heutige lebensbejahende Einstellung deutlich zum Ausdruck bringen. Immer wieder taucht das Licht im geistigen, heilenden Sinn als Thema in seinen Bildern auf .

Damit steuert er bewußt dem Trend der zeitgenössischen Kunst entgegen und möchte erreichen, daß der Betrachter über die Kunst zum Göttlichen findet. Im Laufe der Jahre wurde ihm eines immer mehr zur inneren Überzeugung:

„Wahre Kunst, ob in Film, Musik, Literatur oder Malerei, gibt es nur in Verbindung mit Gott. Aus uns selbst heraus vermögen wir nichts, alles wird uns von oben gegeben."